AF355889

1 FRANC LA LIVRAISON,

3 GRAVURES EN TAILLE-DOUCE, 1 VIGNETTE GRAVÉE SUR BOIS, ET 6 A 8 PAGES DE TEXTE.

# MUSÉE DE LA RÉVOLUTION.

# HISTOIRE

CHRONOLOGIQUE

DE LA

# RÉVOLUTION

## FRANÇAISE,

COLLECTION DE SUJETS DESSINÉS PAR RAFFET, ET GRAVÉS SUR ACIER PAR FRILLEY,

DESTINÉE A SERVIR DE COMPLÉMENT ET D'ILLUSTRATION

A

## TOUTES LES HISTOIRES DE LA RÉVOLUTION

(THIERS, MONTGAILLARD, MIGNET, LACRETELLE, ETC.)

1789 A 1799. — 18 LIVRAISONS.

*1 à 9 Livraisons.*

## PARIS,

### PERROTIN, ÉDITEUR,

RUE DES FILLES-SAINT-THOMAS, N° 1, PLACE DE LA BOURSE ;
MÊME MAISON, RUE DES BEAUX-ARTS, N° 9.

## 1834.

Dans une publication comme celle du MUSÉE DE LA RÉVOLUTION, l'Éditeur se trouve obligé d'attendre pour l'impression des vignettes que le travail du graveur soit entièrement terminé ; MM. les Souscripteurs ne doivent donc pas s'étonner si, dans les premières livraisons, les gravures qui leur sont délivrées ne sont pas toujours celles indiquées par le texte. Ce changement à l'ordre de publication sera rectifié par les livraisons suivantes. L'Éditeur seulement aura toujours soin que chacune des livraisons renferme le nombre de gravures annoncé.

# CONDITIONS

## DE LA SOUSCRIPTION.

Le Musée de la Révolution formera dix-huit livraisons, contenant chacune trois gravures par *Frilley*, d'après les dessins de *Raffet*, six à huit pages de texte, et une gravure sur bois.

Le prix de chaque livraison, tirée sur papier de Chine et le texte sur grand cavalier vélin, est de 1 franc.

Il paraît une livraison tous les 15 et les 30 de chaque mois.

Les deux premières livraisons sont en vente.

Imprimerie de Jules Didot l'aîné, n° 4, boulevart d'Enfer.

| LUXE. | **Musée de la Révolution.** | BON MARCHÉ. |

PERROTIN, ÉDITEUR, RUE DES FILLES-ST.-THOMAS, N° 1,
PLACE DE LA BOURSE.

## 1 FRANC LA LIVRAISON,

3 gravures en taille-douce, 1 vignette gravée sur bois,
et 6 à 8 pages de texte.

# HISTOIRE

### CHRONOLOGIQUE

#### DE LA

# RÉVOLUTION

## FRANÇAISE,

ORNÉE DE GRAVURES SUR ACIER, PAR FRILEY,
D'APRÈS LES DESSINS DE RAFFET.

Ouvrage destiné à servir de complément et d'illustration

## A TOUTES LES HISTOIRES DE LA RÉVOLUTION

(THIERS, MONTGAILLARD, MIGNET, LACRETELLE, etc.).

### 1789 à 1799. — 18 LIVRAISONS.

Les principes sociaux que la Révolution française
a proclamés, sont aujourd'hui des vérités admises
par toutes les opinions. Cependant que de nuages
obscurcissent encore l'histoire de ce grand évène-

ment! Il n'a été examiné par la plupart des historiens que sous le point de vue des partis. Ici on a préconisé les actes; là on a *abominé* les maximes. Les uns n'ont vu le colosse que radieux et sublime; les autres, que sanglant et horrible. Néanmoins, n'est-ce pas de cette époque que l'on peut dire avec plus de vérité qu'on ne l'a dit d'un seul homme : « le genre humain avait perdu ses titres, la révolution française les a retrouvés » ?

En effet, cette Révolution, qui s'est accomplie d'abord en France, n'est pas un évènement local dont la portée doive être bornée aux limites étroites d'une république ou d'un empire ; elle intéresse l'humanité toute entière, tous les temps et tous les pays, les peuples qui vivent à présent sur le globe, ainsi que les générations à venir. « La Révolution fera le tour du monde », comme les sciences, comme les arts, comme la civilisation; car les maximes de la Révolution ne sont autres que la science des hommes en société.

Pour offrir un tableau vrai et impartial des grands évènemens qui ont marqué sa durée, pour montrer un tableau dégagé de tous les mensonges des partis, flatteries des uns, calomnies des autres, il n'était peut-être d'autre moyen que celui que nous avons adopté : l'*Histoire Chronologique*, sans réflexions, sans préambule.

C'est seulement ainsi que l'on peut convenablement représenter la série des faits où le bien et le mal, l'atroce et le sublime sont mêlés comme dans la réalité des choses, où les évènemens se suivent

divers, inattendus, dans un ordre qui paraît capri-
cieux d'abord, mais dont la marche offre un véritable
enseignement à l'observateur réfléchi qui les étudie
avec soin, les compare avec sagacité, et les examine
avec calme. Dans notre plan, et c'est à cause de cela
surtout que notre histoire doit être impartiale, les
hommes disparaissent, les faits seuls restent.

Pour que ce travail satisfasse le lecteur et attei-
gne le but que nous nous sommes proposé, nous
n'avons besoin que d'être exacts et complets : exacts
en énonçant les faits, complets en ne négligeant
aucun de ceux qui ont eu des conséquences. C'est
un engagement que nous pouvons prendre, car
nous avons la conscience et la volonté de le tenir.

Notre *Histoire Chronologique* n'est destinée à rem-
placer aucune des histoires publiées jusqu'à ce
jour ; mais elle forme un *complément indispensable*
à toutes celles qui ont paru, quelles que soient les
opinions que leurs auteurs aient voulu y faire do-
miner.

Les gravures qui l'accompagnent sont aussi une
*illustration* naturelle pour toutes les histoires de
la révolution. Dessinées par un des jeunes pein-
tres qui ont le mieux étudié les hommes et les pas-
sions, les monumens et les costumes de cette époque, elles se font remarquer par l'énergie, la
franchise, l'exactitude, et surtout par un ton de vérité historique et de couleur locale qui a fait dire à
un des vétérans de nos assemblées républicaines :
« Quel est donc ce M. Raffet ? Je ne l'ai pas vu avec
« nous, il paraît pourtant y avoir été. » La traduc-

tion sur acier de ces beaux dessins ne peut rien laisser à désirer : elle est confiée à un de nos plus habiles artistes en ce genre, M. Friley, graveur distingué. Plusieurs de ces gravures sont déjà terminées ; on peut les voir chez l'éditeur, et se convaincre que nos éloges n'ont rien d'exagéré.

## CONDITIONS DE LA SOUSCRIPTION.

Le *Musée de la Révolution* formera dix-huit livraisons contenant chacune trois gravures par FRILEY, d'après les dessins de RAFFET, six à huit pages de texte et une gravure sur bois.

Prix de chaque livraison tirée sur papier de Chine et le texte sur grand cavalier vélin : 1 fr.

Il paraît une livraison tous les 30 et les 15 de chaque mois. La première livraison est en vente.

---

NÉMÉSIS, par BARTHÉLEMY, d'après le texte original, plus une préface par L. R. Un fort vol. in-8, prix : 6 fr. 50 c.

DOUZE JOURNÉES DE LA RÉVOLUTION, poëmes par BARTHÉLEMY. Un vol. in-8. 6 fr. 50 c.

Le même ouvrage, avec gravures. 15 fr.

PARIS. — IMPRIMERIE DE H. FOURNIER,
rue de Seine, n. 14.

# HISTOIRE

CHRONOLOGIQUE

DE LA

# RÉVOLUTION

## FRANÇAISE.

PARIS. — IMPRIMERIE DE JULES DIDOT L'AINÉ,
N° 4, BOULEVART D'ENFER.

# MUSÉE DE LA RÉVOLUTION.

# HISTOIRE

CHRONOLOGIQUE

DE LA

# RÉVOLUTION

## FRANÇAISE,

COLLECTION DE SUJETS DESSINÉS PAR RAFFET,

ET GRAVÉS SUR ACIER PAR FRILLEY.

DESTINÉE A SERVIR DE COMPLÉMENT ET D'ILLUSTRATION

A

## TOUTES LES HISTOIRES DE LA RÉVOLUTION

( THIERS, MONTGAILLARD, MIGNET, LACRETELLE, ETC. )

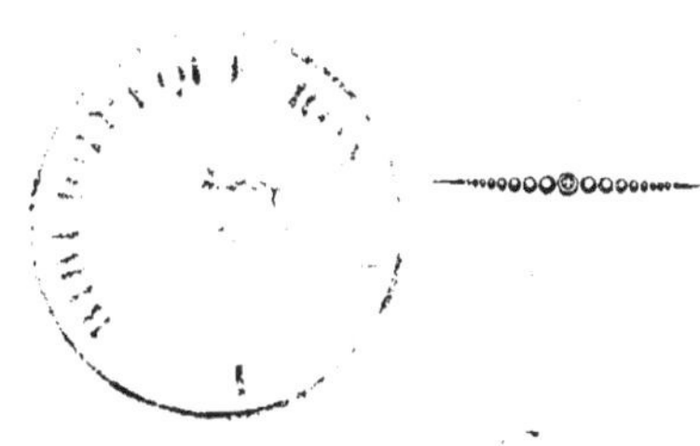

## PARIS,

### PERROTIN, ÉDITEUR,

RUE DES FILLES-SAINT-THOMAS, Nº 1, PLACE DE LA BOURSE;

MÊME MAISON, RUE DES BEAUX-ARTS, Nº 9.

## 1834.

# 1789.

# 1789.

# 20 JUIN 1789.

## SERMENT DU JEU DE PAUME.

La Cour, ne pouvant empêcher la réunion des Ordres, et voyant qu'il lui était impossible de se saisir de la direction de l'Assemblée, *résolut la dissolution des États-Généraux*. Le 20 juin, les députés du Tiers ou des communes trouvèrent fermées les portes de leur salle. Un placard, posé sur le mur comme une affiche de spectacle, annonçait que, « le Roi ayant résolu de tenir une séance royale aux États-Généraux le 22 juin, les assemblées des trois Ordres étaient suspendues et les salles fermées pour cause de préparatifs intérieurs, etc. » Cette manière leste et sans façon de communiquer avec les mandataires du Peuple, indigna les Députés. Ils décidèrent que leur séance aurait lieu, malgré l'obstacle qu'on voulait y mettre, et suivirent leur président, l'illustre savant Bailly, au Jeu de Paume de la rue Saint-François.

Bailly déclara la séance ouverte, et l'Assemblée arrêta, *à l'unanimité moins une voix*, « que partout où ses membres sont réunis, là est l'Assemblée Nationale..... Que tous ses membres prêteraient à l'instant le serment de ne pas se séparer avant d'avoir donné à la France une Constitution. » Ce serment solennel, qui rendait impossible la dissolution de l'Assemblée Nationale, fut prêté avec enthousiasme et signé aussitôt par tous les Députés. Bailly en prononça la formule d'une voix si ferme et si sonore, qu'elle fut entendue de la foule rassemblée dans la rue. Les applaudissements éclatèrent sur-le-champ. Le Peuple venait de comprendre qu'il était enfin représenté.

# 14 JUILLET 1789.

## PRISE DE LA BASTILLE.

La Cour avait convoqué les États-Généraux sans en prévoir les conséquences ; alarmée de leurs premiers travaux, elle conçut le projet de s'en débarrasser par la force. Une armée nombreuse se rassembla et prit position entre Versailles et la capitale. Le peuple de Paris devint inquiet ; des scènes de violence eurent lieu ; le sang coula dans les rues ; un détachement du régiment étranger Royal-Allemand, attaqué par quelques perturbateurs sur la place Louis XV, sabra les paisibles promeneurs dans les Tuileries. La Garde Nationale s'organisa spontanément ; on voulait des armes ; le Peuple en demanda à plusieurs reprises ; trompé dans son attente, il enleva, de l'hôtel des Invalides, 32,000 fusils qui s'y trouvaient cachés. Les cartouches manquaient encore, le Peuple se porta à l'Arsenal, où il apprit que toute la poudre et toutes les munitions de guerre avaient été portées à la Bastille. Ce monument féodal, plus effrayant par ses souvenirs que par ses moyens de défense, fut attaqué le 14 juillet, et pris le même jour. Premier triomphe qui, en dévoilant le secret des forces populaires, excita le courage et l'enthousiasme de la Nation.

Le surlendemain, 16 juillet, le Comité permanent des Électeurs de Paris prit un arrêté qui ordonna la démolition de la Bastille.

# 6 NOVEMBRE 1792.

## BATAILLE DE JEMMAPES.

Valmy avait montré aux Français qu'ils pouvaient se défendre contre l'étranger. Il fallait prouver à l'Europe que l'armée républicaine était capable aussi d'attaquer l'ennemi. L'invasion de la Belgique fut décidée. Dumouriez reçut le commandement en chef. Le duc Albert de Saxe-Teschen, général autrichien, qui venait d'être forcé de lever honteusement le siège de Lille, avait pris position, avec 25,000 hommes, sur des hauteurs escarpées en avant de Jemmapes, et près de Mons ; son front était couvert par une triple ligne de redoutes fortifiées, garnies de cent pièces de canon. Dumouriez n'avait avec lui qu'environ 30,000 hommes, la plupart volontaires et voyant le feu pour la première fois. Il n'hésita pas à combattre ; l'ennemi fut abordé à-la-fois par ses deux flancs. Aussitôt que le général républicain vit que nos colonnes culbutaient et tournaient la droite des Autrichiens, il ordonna au centre de prendre part au combat : « Soldats, dit-il, voilà Jemmapes ; là est l'ennemi. En avant ! à « la baïonnette. » La charge bat, et entonnant la *Marseillaise*, Dumouriez donne le signal. Les bataillons s'ébranlent. Aux cris de *Vive la Nation* se mêlent les chœurs des braves volontaires : « Allons, enfants de la patrie, le jour de gloire « est arrivé. » L'artillerie autrichienne foudroie ces bataillons qui s'avancent en chantant sous la mitraille. Mais bientôt les redoutes formidables sont emportées à la baïonnette. Le duc Albert est chassé de ses positions. Les hauteurs de Jemmapes se couronnent de drapeaux tricolores, et l'ennemi vaincu entend se prolonger, dans les airs, ce cri de triomphe qui le poursuit jusqu'à Mons : *Vive la République !*

Dumouriez fit, à Jemmapes, preuve de talent. Le général Égalité (aujourd'hui Louis-Philippe) guida bravement nos

soldats. Mais le héros de la journée fut un domestique du
général en chef, Baptiste Renard, qui, dans un moment où
les troupes, exposées aux batteries meurtrières de l'ennemi,
allaient rompre leurs rangs, s'élança par une inspiration
héroïque au milieu des soldats en désordre, et par son
exemple, son courage et ses exhortations, les ramena au
combat.

« À la lanterne ! — Y verrez-vous plus clair ! »

# 1789.

17 Juill. Le Roi se rend à l'Hôtel-de-Ville de Paris, Bailly lui dit
« Sire, j'apporte à votre Majesté les clefs de la ville de
« Paris; ce sont les mêmes qui ont été présentées à Hen-
« ri IV. Il avait reconquis son Peuple, le Peuple a re-
« conquis son Roi. » La foule applaudit, le Roi prend la
cocarde rouge et bleue : sa présence apaise les troubles.

22 — Nouveaux troubles au sujet de la cherté des grains. —
MASSACRE DE FOULON ET DE BERTHIER DE
SAUVIGNY.

26 — Adoption de la cocarde tricolore. En la présentant aux
Électeurs, Lafayette prédit qu'elle fera le tour du monde.

1er Août. Enlèvement et envoi à Paris des canons de Chantilly et de
l'Ile-Adam.

4 — L'Assemblée Nationale décréte que la Constitution sera
précédée de la déclaration des droits de l'homme et du
citoyen. — Abolition spontanée du système féodal et de
tous les priviléges en France.

18 — Insurrection démocratique à Liége.

23 — Décret qui proclame la liberté des opinions même religieuses.

31 — Suppression et dissolution des gardes françaises.

1er Sept. L'Assemblée Nationale se déclare assemblée permanente

# 1789.

# 1ᴱᴿ OCTOBRE 1789.

## ORGIE DES GARDES-DU-CORPS.

Le renvoi des troupes rassemblées autour de la résidence royale inquiétait les partisans de la monarchie; ils firent insinuer à la municipalité de Versailles que la population parisienne projetait de se porter en masse sur cette ville afin d'enlever le Roi et de l'obliger à habiter Paris. Versailles ne doit son importance qu'à la présence de la Cour. Les officiers municipaux se laissèrent facilement entraîner à requérir qu'un régiment vînt renforcer la garde nationale et les gardes-du-corps chargés de la défense du château. Le régiment de Flandre fut aussitôt appelé à Versailles. La mesure était légale; l'Assemblée Nationale, quoique voyant avec déplaisir cette réquisition de troupes, ne crut pas devoir s'y opposer.

Les gardes-du-corps, suivant l'usage adopté dans toutes les garnisons, invitèrent les officiers nouvellement arrivés à un banquet militaire, où les officiers des Cent-Suisses, des Gardes-Suisses, des Chasseurs des Trois-Évêchés et de la Garde Nationale furent aussi invités. Ils obtinrent, pour cette fête, la grande salle de l'Opéra; une table de trois cents couverts, en fer à cheval, y fut préparée sur la scène : les loges furent ornées et disposées pour recevoir des spectateurs.

Des conseillers prudents, des serviteurs sages et dévoués, prévoyant les manifestations auxquelles le festin allait donner lieu, engagèrent le Roi et la Reine à s'abstenir d'y paraître comme on les avait sollicités de le faire. Louis XVI et Marie-Antoinette promirent d'écouter ces avis désintéressés du dévouement et de la prudence. Le Roi même, afin d'éviter tout entraînement, partit pour la chasse.

Le 1ᵉʳ octobre le repas eut lieu. C'était une fête brillante et magnifique. La musique des régiments ajoutait par ses accords aux agrements de la réunion, la salle était remplie de bourgeois et de curieux. Bientôt les grenadiers des deux corps furent introduits au milieu du fer à cheval, autour duquel étaient assis leurs officiers. On porta divers *toasts*, on but à la santé du Roi, à celle de la Reine, à celle du Dauphin, à celle de la famille royale. La santé de la Nation ne fut pas portée. Cette omission faite avec préméditation fut remarquée et mécontenta les spectateurs qui ne partageaient ni l'exaltation ni l'ivresse des convives.

Tout-à-coup entrèrent, conduits par le duc de Luxembourg qui avait opéré ce changement dans leurs résolutions, le Roi et la Reine, accompagnés du Dauphin. L'enthousiasme devint général, l'air de Richard se fit entendre. Ils firent le tour de la table; la Reine avait son fils dans les bras. Toutes les têtes étaient déja échauffées; les cris de *vive le Roi* retentissaient avec fureur, les convives excités par cette présence inattendue tirèrent leurs épées, et ce fut l'épée nue à la main que les gardes-du-corps, les officiers et les soldats portèrent de nouveau la santé du Roi et de sa famille. Celle de la Nation fut encore oubliée. Il eût été pourtant digne du Roi de la porter. — Louis XVI et Marie-Antoinette se retirèrent. — Jusqu'alors, malgré les cris, la conduite des convives avait présenté une sorte de modération et de décence; mais après le départ du Roi commença ce qu'on peut appeler une orgie. — « Les trompettes sonnent la charge, dit Ferrières, les convives chancelants escaladent les loges et donnent à-la-fois un spectacle dégoûtant et ridicule. Une voix s'écrie : « A bas la cocarde « de couleur ! vive la cocarde blanche, c'est la bonne!» Plusieurs personnes jettent leurs cocardes et arborent la blanche....» Au milieu des hurlements, des cris et des menaces, les couleurs nationales sont foulées aux pieds. La plupart des spectateurs se retirent avec indignation....

L'ivresse durait encore le lendemain. Des femmes attachées à la Reine et aux princesses distribuaient des cocardes blanches et donnaient leur main à baiser à ceux qui consentaient à s'en parer. Faute et crime tout à-la-fois, cette bravade de courtisans était un outrage à la Nation.

# 5-6 OCTOBRE 1789.

## LE PEUPLE A VERSAILLES.

La misère toujours croissante, la famine qui se présentait menaçante, imprévue pour la plupart, préparée par quelques uns, donnaient de grandes facilités aux agitateurs; l'orgie scandaleuse des gardes-du-corps fournit une occasion à l'explosion du mécontentement populaire.

Le 5 octobre, une troupe de sept à huit mille femmes armées, tambour en tête, et conduisant des voitures d'artillerie, marcha sur Versailles. Un ancien huissier du Châtelet, Maillard, qui joua depuis un rôle sanglant dans les massacres de septembre, et une femme étrangère, célèbre alors par ses galanteries, sa beauté et son exaltation politique, Théroigne de Méricourt, qui est morte folle à la Salpêtrière, étaient les chefs de cette armée d'amazones, dont les sentiments n'étaient pas très dangereux; car elles ne voulaient, disaient-elles, que « voir le Roi, avoir du pain, et faire renvoyer le régiment de Flandre. » Quelques hommes, animés de sentiments moins pacifiques, s'étaient réunis à elles. On remarquait ceux qui avaient pris une part active au massacre de Foulon et de Berthier.

Cependant, inquiet de ce qui allait se passer, et poussé sans doute aussi par les hommes honteux de laisser aller seules leurs femmes venger la Nation outragée par la Cour, Lafayette, avec une partie de la garde nationale, se hâta d'accourir à Versailles.

L'attroupement avait envahi la salle où siégeait l'Assemblée Nationale, et Maillard, avec une éloquence un peu brutale, avait exprimé le vœu populaire. On avait dû lui enjoindre de se contenir dans les bornes du respect. Douze des femmes avaient été introduites auprès de Louis XVI avec Mounier, président de l'Assemblée, chargé de demander au Roi d'appuyer les efforts qu'elle allait faire pour assurer les approvisionnements de Paris. Une première collision entre le peuple et les gardes-du-corps avait été heureusement arrêtée. Tout paraissait calmé. Les gardes-du-corps avaient pris la cocarde nationale. Dans la nuit, la garde nationale parisienne occupa les postes extérieurs du château, la confiance du gouverneur n'alla pas jusqu'à lui remettre les postes intérieurs. A trois heures et demie du matin, l'Assemblée Nationale leva sa séance. Le Roi, rassuré par Lafayette, et Lafayette, tranquillisé par les dispositions qu'il avait prises, se livrèrent au sommeil.

A six heures, le château fut tout-à-coup attaqué par une troupe composée de toutes les femmes les plus résolues et des hommes arrivés de Paris avec elles. La fureur des assaillants semblait dirigée principalement contre la Reine. Ils brisèrent tous les obstacles pour arriver à son appartement, d'où elle eut néanmoins le temps de s'enfuir; plusieurs gardes succombèrent, victimes de leur dévouement. A la première nouvelle de ce qui se passait, le général Lafayette arriva. Après avoir couru personnellement quelques dangers, il réussit à préserver la famille royale et à refouler au-dehors la multitude qui encombrait les appartements. En se retirant, les femmes furieuses s'emparèrent de deux gardes-du-corps, et les traînèrent dans le jardin, où se trouvait un homme mystérieux que les relations du temps ne désignent que sous le nom de l'homme à la longue barbe. Armé d'une hache et les bras nus, il semblait attendre d'autres victimes; les têtes coupées des défenseurs de Marie-Antoinette furent placées au bout d'une pique, et servirent comme de bannière à cette misérable troupe, qui s'en revint à Paris, en hurlant des chants féroces.

La Cour, l'Assemblée Nationale, Versailles et la Garde Nationale étaient dans la stupeur de ce qui venait de se passer. Mais, dès que la ville fut purgée de ces brigands, l'ordre y succéda aux agitations. Louis XVI, la veille, n'avait pas fait de réponse positive à la proposition qu'on lui avait faite de venir se fixer à Paris; il s'y décida de lui-même, et partit pour la capitale escorté par la Garde Nationale et par la majeure partie des femmes qui n'avaient pas pris part aux excès de la matinée, et qui, dans leur joie de revenir avec le Roi, s'écriaient sur la route : « Nous ramenons le boulanger, la boulangère et le petit mitron. »

Les crimes du 6 octobre furent l'objet d'enquêtes ordonnées par la cour du Châtelet ; elle demanda à l'Assemblée Nationale l'autorisation de faire arrêter Philippe d'Orléans; mais ce prince partit aussitôt pour l'Angleterre. Il y resta neuf mois, et n'en revint que lorsque ses partisans à l'Assemblée eurent fait décider qu'il n'y avait pas lieu à accusation contre lui.

# 14 JUILLET 1790.

## FÉDÉRATION NATIONALE.

C'était véritablement un jour de fête nationale que celui de la Fédération ; c'était là qu'allait se resserrer le lien qui devait unir le Roi et la Nation, représentée par l'Assemblée Nationale et par les fédérés de tous les départements ; c'était là qu'un triple serment devait être prêté à la Constitution qui devenait une nouvelle arche d'alliance. Les hésitations du monarque, les fureurs accidentelles du peuple, les premiers excès produits par les premières irritations, tout devait être oublié. Tout était joie, bonheur, espérance. L'avenir du Peuple, confiant dans son Roi, et du Roi, confiant dans son Peuple, paraissait à jamais assuré. La Révolution est close, disait-on ; une ère de régénération et de liberté va commencer.

Le Peuple, livré à lui-même, apportait à cette solennité des dispositions douces et vraiment patriotiques; il en donna une preuve quelques jours avant la Fédération.

Le Champ-de-Mars avait été choisi pour être le théâtre de ce grand contrat. On travaillait avec toute l'activité possible aux dispositions que nécessitait le terrain ; vingt-cinq mille ouvriers y étaient employés, mais leurs progrès étaient trop lents pour satisfaire l'impatience publique. Un citoyen fit un appel à la bonne volonté des Parisiens; aussitôt, et par un mouvement spontané, deux cent cinquante mille personnes se présentèrent, et les préparatifs furent terminés en peu de jours. Les travaux devinrent des fêtes; tous les âges, tous les sexes, toutes les conditions se réunirent pour cet ouvrage patriotique; la Garde Nationale y alla par compagnies, les ouvriers par corps de métiers, les ordres religieux en processions. Chacun se fit honneur de

remuer la terre, de manier la pioche et la bêche, de rou-
ler la brouette. En peu de jours des gradins, ingénieusement
disposés, entourèrent l'enceinte du Champ-de-Mars, au milieu de laquelle s'éleva l'autel de la Patrie.

Le 14 juillet, après que le Roi, l'Assemblée Nationale et
les députations de la Garde Nationale et de l'Armée eurent
occupé les places qui leur étaient préparées, une messe so-
lennelle fut célébrée sur l'autel. Le prélat officiant était
Talleyrand, évêque d'Autun. Ensuite, le général Lafayette,
au nom des fédérés, le président de l'Assemblée Nationale,
au nom des Représentants de la Nation, jurèrent fidélité à
la Constitution et au Roi. Louis XVI, debout et la main
étendue vers l'autel, prononça, en présence de cinq cent
mille témoins, le serment suivant :

« Moi, roi des Français, je jure d'employer tout le pou-
« voir qui m'est délégué par la loi constitutionnelle de l'É-
« tat, à maintenir la Constitution décrétée par l'Assem-
« blée Nationale et acceptée par moi, et à faire exécuter les
« lois. »

Travaux spontanés au Champ-de-Mars.

# 1790.

15 Janvier. Division de la France en 83 départements.

21 — Établissement de l'égalité des peines, quel que soit le rang des coupables.

26 — L'Assemblée défend à ses membres d'accepter aucun emploi du gouvernement.

13 Février. Abolition des vœux monastiques. — Suppression des Ordres religieux.

19 — Exécution du marquis de Favras, déclaré coupable de haute trahison.

20 — Lafayette proclame à l'Assemblée Nationale que, lorsque *la servitude rend une révolution nécessaire, l'insur-*RECTION EST LE PLUS SAINT DES DEVOIRS.

16 Mars... Abolition des lettres de cachet.

17 — Affectation des biens ecclésiastiques au remboursement des assignats.

28 — Suppression de l'impôt sur le sel.

1er Avril.. Publicité du Livre-Rouge. — Les dépenses secrètes de la cour avaient été annuellement : au *minimum*, en 1787, de 82,000,000 livres; au *maximum*, en 1788, de 145,000,000 livres.

29 — Libre circulation des grains.

30 — Institution du Jury.

10 Mai.... Massacre des Patriotes à Montauban.

# 1790.

## MASSACRE DE FOULON ET DE BERTHIER.

La mort de Foulon et celle de Berthier de Sauvigny, son gendre, furent l'œuvre d'une trame secrètement ourdie par une vengeance privée, et non point un acte spontané de la volonté populaire. Tout semble le prouver.

Foulon, conseiller-d'état, Berthier, ancien intendant de Paris, instruits des secrets de certain parti, pouvaient commettre quelque indiscrétion. Leur perte fut résolue.

On les accusa d'accaparer des grains ; et afin d'accroître l'adnimadversion publique, on rapporta que Foulon avait dit : « Un royaume bien administré est celui où le peuple « broute l'herbe des champs... Si jamais je suis ministre, je « ferai manger du foin aux Français. »

L'infortuné arriva le premier à l'Hôtel-de-Ville. Le comité des électeurs, embarrassé de sa présence, et connaissant la fermentation populaire, désirait, pour le mettre en sûreté, le faire conduire à la prison de l'Abbaye. Mais la multitude furieuse envahissait la salle où siégeait le comité. Un des électeurs, dans l'espoir de calmer l'irritation, prononça les mots de jugement et de justice. « Oui, répondirent quelques « voix, jugé tout de suite et pendu. » Et des menaces tumultueuses éclatèrent de tous côtés. Lafayette et Bailly réunirent leurs efforts. Lafayette représenta, avec chaleur et avec courage, que plus un homme était présumé coupable, plus la dignité populaire exigeait qu'on respectât, à son égard, les lois et les formes de la justice : déjà ses paroles avaient apaisé ceux qui étaient dans l'Hôtel-de-Ville ; on n'entendait plus que les vociférations de la foule amassée sur la place; l'ordre était donné de conduire le prisonnier à l'Abbaye, lorsqu'un homme, mieux vêtu que les autres, et qui paraissait être un des meneurs, s'écria en colère : « Qu'est-il besoin de « jugement pour un homme jugé depuis trente ans? » Aussitôt, renversant les tables et les chaises des membres du bureau , quelques hommes poussés par ceux qui montent du dehors, s'élancent et saisissent le prisonnier. « On l'entraîne « sous la lanterne; on l'y accroche ; deux fois la corde se « rompt, deux fois le malheureux retombe sur le pavé. Ses « bourreaux vont chercher une corde neuve ; on l'accable « d'outrages et de coups pendant un quart d'heure; on lui « fait attendre la mort; on le pend enfin au crochet du réver- « bère ; il expire; sa tête, coupée, est placée au bout d'une « pique et promenée par la ville; son corps décapité est « traîné dans les rues. »

Cependant Berthier arrive à son tour; mais au moment où, conduit à l'Abbaye, par l'ordre de Bailly, il ressort de l'Hôtel-de-Ville , « son escorte est dispersée, mille bras le « saisissent,... il est porté sous le réverbère encore san- « glant... On prépare une corde neuve... A cette vue, sa « fureur s'allume ; il arrache un fusil et cherche à se dé- « fendre ; à l'instant il tombe frappé de cent coups de baïon- « nettes... Il respirait encore ,..... un soldat, revêtu d'un « uniforme de dragon, l'éventre d'un coup de sabre, plonge « sa main dans ses entrailles palpitantes, lui arrache le « cœur et va présenter cet odieux trophée au comité des « électeurs, qui restent muets d'épouvante. » La tête et le cœur de Berthier sont aussi promenés en triomphe dans Paris.

Ces deux crimes causèrent un sentiment d'horreur et d'af- fliction à tous les amis de la liberté. Le peuple, revenu de son égarement, désavoua les misérables qui avaient exploité ses souffrances pour le pousser à des actes frénétiques. L'ar- gent, les montres et les bijoux des deux victimes furent rapportés avec fidélité à l'Hôtel-de-Ville. Le dragon qui s'é- tait fait remarquer par sa férocité, prétendit, pour se discul- per, qu'il avait voulu venger sur Berthier la mort de son père ; mais ses camarades lui déclarèrent qu'ils étaient ré- solus à combattre avec lui, tous successivement jusqu'au dernier, afin de purger la terre d'un monstre qui déshonorait leur corps : il fut forcé de se battre, et fut tué le soir même.

## SÉANCE ROYALE.

La séance royale, annoncée pour le 22 juin, avait été remise au 23. La Cour semblait s'étudier à outrager les mandataires du Peuple. Tandis que les membres de la Noblesse et du Clergé se plaçaient sur les bancs d'honneur, la plupart des députés du Tiers, retenus à la porte de la salle, encombraient une galerie étroite et si resserrée, que les autres étaient forcés de rester en dehors, exposés à la pluie. Ils allaient se retirer, lorsque, sur les vives réclamations du président Bailly, la porte s'ouvrit enfin. « La séance royale, dit le marquis de Ferrières, député de la noblesse, offrit l'odieux appareil d'un lit de justice... Tout, autour du trône, fut morne et silencieux... Le Roi parla plutôt en despote qui commande qu'en monarque qui discute avec les Représentans du Peuple, les intérêts d'une grande nation ; des *je veux*, souvent répétés, choquèrent les hommes fatigués de servitude, impatiens de conquérir la liberté. » Trois discours du Roi et deux déclarations, lues à genoux par le garde-des-sceaux, remplirent cette séance. Une de ces déclarations annulait toutes les délibérations prises par le tiers.

Le Roi, en se retirant, avait ordonné aux membres des États de se séparer pour reprendre leurs séances le lendemain. La Noblesse et une partie du Clergé obéirent. Le reste de l'assemblée resta dans la salle, tranquille et en silence. Le grand-maître des cérémonies s'approcha du président et lui dit : « Monsieur, vous avez entendu l'ordre du Roi ? » Bailly répondit : « L'assemblée s'est ajournée après la séance « royale, je ne puis la séparer sans qu'elle en ait délibéré. »

Puis il ajouta : « La Nation assemblée ne peut recevoir
« d'ordres. » Le grand-maître insistait, Mirabeau prit la pa-
role : « Vous n'avez ici ni place, ni voix, ni droit de parler ;
« vous n'êtes pas fait pour nous rappeler le discours du Roi.
« Allez dire à votre maître que nous sommes ici par la vo-
« lonté du Peuple, et que nous n'en sortirons que par la
« force des baïonnettes. » Cette véhémente apostrophe fou-
droya le dignitaire de la Cour, et l'assemblée, électrisée,
décréta sur-le-champ l'inviolabilité de ses membres.

# VOYAGE DE VARENNES.

Le 22 juin, au matin, la population de la capitale apprit que Louis XVI, qu'elle croyait reposant dans son palais des Tuileries, avait disparu avec toute la famille royale.

Cette évasion excita une agitation générale : un moment le peuple se crut trahi ; néanmoins, et malgré toutes ses soupçonneuses inquiétudes, il n'exerça sa vengeance que sur des objets inanimés : les effigies et les armoiries royales placées sur les édifices publics et particuliers furent renversées aussitôt. Après ce premier mouvement de surprise et d'indignation, les Parisiens reprirent l'attitude du calme et de la dignité.

L'Assemblée Nationale déploya en cette circonstance un caractère majestueux, une fermeté et une sagesse qui sont dignes d'admiration. Elle prit sans balancer toutes les mesures décisives ; et, soudainement investie de tous les pouvoirs, elle sut parer à tout, sans précipitation, sans violence. Ses ordres obtinrent une obéissance empressée ; la confiance populaire s'attachait par instinct à ce grand corps, devenu l'ame et le chef de la Nation.

Préparé par des courtisans sans prévoyance, le projet d'évasion adopté par le Roi ne pouvait réussir : le dévouement, quoi qu'on dise, supplée mal à la capacité. On avait choisi pour le départ la nuit la plus courte de l'année, et pour quitter son royaume, Louis XVI ne prenait pas la route la moins longue ; les relais avaient été mal préparés ; les troupes qui devaient, à une certaine distance de la frontière, protéger et escorter la famille royale, étaient distribuées sur des points mal choisis, ou n'avaient que des ordres incomplets; le Roi lui-même semblait avoir peine à voyager en simple particulier: il prenait ses aises, s'arrêtait fréquemment, se montrait à tout le monde.

Il fut reconnu publiquement à Varennes, et retenu par la Garde Nationale, qui prit les armes. On le ramena à Paris sous la protection de trois commissaires de l'Assemblée Nationale.

Pour rentrer dans son palais, il dut traverser une foule immense, qui resta silencieuse et morne; ce n'était pas de la pitié, mais de l'indifférence. On lisait sur les murailles des rues où il passa:

Quiconque applaudira Louis  
Sera battu;  
Quiconque l'insultera  
Sera pendu.

Le voyage de Varennes, en montrant à la France qu'un Roi n'était pas absolument un *fonctionnaire nécessaire*, prépara l'abolition de la Royauté et l'établissement de la République.

# 1791.

1ᵉʳ Oct. Première séance de l'Assemblée Législative.

5 — Commencement de la famine. — Les cultivateurs refusent de recevoir des assignats en échange de leurs grains.

— Décret qui enlève au Roi les titres de *Sire* et *Majesté*. — Ce décret est rapporté le lendemain.

14 — Le Roi fait une proclamation aux émigrés pour les engager à se rallier à la Constitution.

16 — Il écrit à ses frères pour les faire rentrer en France.

— Tous les hommes à talens, en Europe, sont invités par l'Assemblée à communiquer leurs vues sur le *Code Civil*.

Le ministre de la guerre annonce que 1,900 officiers ont abandonné leurs régimens et émigré.

28 — Décret qui *requiert* Monsieur de rentrer en France dans le délai de deux mois, sous peine d'être déchu de son droit à la régence.

30 Massacres à Avignon. Les prisonniers égorgés sont jetés dans une glacière.

12 Nov. Le Roi refuse de sanctionner le décret contre les émigrés.

17 — Pétion est élu maire de Paris.

22 — Incendie du Port-au-Prince (Saint-Domingue).

# 1791.

# 14 JUILLET 1792.

## TROISIÈME FÉDÉRATION.

Le décret qui proclama la patrie en danger avait été suivi
d'une réconciliation entre les deux côtés de l'Assemblée législative. Un député (Lamourette), afin de provoquer parmi ses
membres une réunion franche et sincère, était monté à la
tribune. « Nous foudroierons ainsi, leur dit-il, le parti de la
« république et celui des deux chambres. » On adopta cette
proposition avec acclamations, et dans un élan spontané d'enthousiasme tous les députés se levèrent et s'embrassèrent au
milieu des applaudissemens des spectateurs placés dans les ga-
leries. Les deux côtés se jurèrent mutuellement amitié et fra-
ternité; patriotiques sermens qui furent oubliés le lendemain!
Cette scène, dont le peuple ne resta pas long-temps dupe,
fut nommée la *réconciliation normande*, et, par dérision, on
appela les embrassades que les députés s'étaient prodiguées les
*baisers d'amourette*.

Cependant l'époque de la troisième fédération approchait;
de tous les départemens arrivaient à Paris les députations des-
tinées à figurer dans cette fête nationale. Le Roi avait annoncé
au corps législatif que son dessein était d'aller renouveler sur
l'autel de la Patrie son serment à la Constitution. On espérait à la cour que cette manifestation publique d'attachement
à la révolution rappellerait dans le cœur des citoyens l'affec-
tion qu'ils avaient cessé de porter à Louis XVI. Il n'en fut
point ainsi. Le Roi répéta effectivement son serment, exemple
qui fut suivi par le président au nom de l'Assemblée Législative;
mais il ne recueillit aucun signe de l'enthousiasme populaire.
Le véritable héros de la journée fut Pétion, maire de Paris,
qui, suspendu de ses fonctions à cause des événemens du 20
juin, venait d'être rendu à ses administrés par un décret de

l'Assemblée Nationale; son nom seul se mêla aux cris de *Vive
la Nation!* et les mots de *Vive Pétion!* écrits avec de la craie,
se montraient sur un grand nombre de chapeaux.

Cette fête où il régna une confusion de mauvais augure, où les
spectateurs se mêlaient aux acteurs (les bataillons du cortége
furent dispersés et disloqués par les irruptions de la multitude), se termina par une espèce de feu de joie. On brûla dans
le Champ-de-Mars, au milieu d'une foule qui dansait et qui
chantait, l'arbre féodal chargé d'armoiries et de tous les in-
signes des vanités nobiliaires. — Le peuple en se retirant crut
qu'il en avait fini pour toujours avec la noblesse et les priviléges!

# 30 JUILLET 1792.

## ARRIVÉE DES MARSEILLAIS

### A PARIS.

Le 3o juillet, pour la première fois, Paris étonné entendit l'*Hymne des Marseillais* auquel tant de souvenirs de gloire et de patriotisme devaient se rattacher plus tard [1]. Les fédérés de Marseille firent leur entrée dans la capitale ; ils furent reçus avec joie et conduits à l'hôtel-de-ville où ils défilèrent devant le maire ; puis on les invita à un banquet patriotique.

Ce festin, préparé à l'avance, était dressé chez un restaurateur des Champs-Elysées, qui avait pour enseigne : *Au grand salon du couronnement de la Constitution*. Les scènes sanglantes qui interrompirent des momens qu'on devait naturellement consacrer au plaisir, font croire que ce lieu n'avait pas été choisi sans dessein. Le *Salon du couronnement* était voisin du *Jardin royal* où dinaient le même jour une quarantaine de Parisiens, la plupart grenadiers des sections des Filles-Saint-Thomas et des Petits-Pères.—On a prétendu qu'il se trouvait parmi eux quelques gardes-du-corps et des officiers suisses ; il est certain que tous les convives portaient l'uniforme de la garde nationale.—Ceux-ci sortaient de table au moment où les Marseillais allaient s'y mettre, quand tout à coup, et pour des causes qui sont restées inconnues, éclata une vive querelle entre ces deux compagnies. On vint, dit-on, prevenir les Marseillais qu'on criait à côté d'eux *Vive le roi! Vive la reine! A bas la nation!* et qu'on chantait des chansons

<hr>

[1] D'après quelques auteurs, l'hymne de Rouget de Lisle fut chanté pour la première fois (le 5 août) dans une fête donnée aux Marseillais par la section du Théâtre-Français.

inciviques. A ce récit se joignirent bientôt les cris de *Aux armes! A nous les Marseillais!* Les barrières qui séparaient les deux restaurateurs furent aussitôt franchies, et sans autres explications commença le combat. Quelques hommes, qui se trouvaient là sans doute à dessein, se rangèrent du côté des Marseillais. Un coup de pistolet fut tiré, des coups de sabre furent donnés et reçus. Les grenadiers parisiens résistèrent pendant quelque temps aux fédérés; mais bientôt, obligés de céder au nombre, ils cherchèrent un refuge d'abord sur la place Louis XV, et ensuite dans les Tuileries où les Marseillais les poursuivirent. Cette rixe inattendue coûta la vie à un garde national, et il y eut plusieurs blessés de part et d'autre. Les Marseillais un peu calmés se retirèrent dans la caserne qui leur avait été préparée, à la Nouvelle-France, où ils firent transporter leur diner.

On n'a jamais douté que cette scène sanglante n'ait été préméditée et préparée par d'autres que par les combattans; mais comme elle ne fut suivie d'aucune enquête judiciaire, on a toujours ignoré quel but s'étaient proposé les provocateurs.

# 10 AOUT 1792.

Encouragé par la marche rapide des événemens, le parti
républicain s'était décidé à porter le dernier coup à la Monarchie. Un directoire secret avait organisé l'insurrection. De
tous côtés on signait et on envoyait à l'Assemblée nationale
des pétitions pour demander la déchéance du Roi.

La Cour était exactement informée de tout ce qui se tramait
contre elle; mais elle comptait sur Mandat, général en chef de
la garde nationale parisienne; elle s'était préparée à une défense dont elle attendait d'heureux résultats, et dans son aveu-
glement, « loin de craindre une insurrection, dit le marquis
« de Ferrières, elle espérait en profiter pour se rendre maî-
« tresse de Paris. »

L'audace des républicains détruisit toutes ses espérances;
la municipalité, modérée dans ses principes, paraissait encore
attachée à la constitution monarchique. Un mouvement populaire eut lieu. On changea les officiers municipaux et on les
remplaça par des hommes dévoués. Mandat fut appelé devant
la nouvelle commune qui l'envoya à l'Abbaye; mais, assailli
par la multitude, il fut massacré en sortant de l'hôtel-de-ville.

1,152 Suisses, officiers et soldats étaient chargés de la défense des Tuileries; environ 1,200 gentilshommes s'étaient en
outre réunis autour du Roi. Le château fut environné le 10 août
par diverses colonnes composées de Marseillais, de Bretons et
des sections des faubourgs de Paris. Dès le premier moment,
le Roi, sur les instances de Rœderer, procureur-général du
département, consentit à aller chercher un refuge avec toute
sa famille, au sein de l'Assemblée. A son entrée dans la salle,
le président (Vergniaud) lui dit : « Sire, vous pouvez compter
« sur la fermeté de l'Assemblée Nationale; ses membres ont
« juré de mourir en soutenant les droits du peuple et les auto-
« rités constituées. »

Le combat entre les défenseurs du château et les assaillans
ne commença qu'après le départ du Roi, ignoré de part et
d'autre; on put même croire un instant que ce combat n'aurait
pas lieu. Les Suisses fraternisèrent avec les Marseillais; mais au
moment où l'on se donnait des signes réciproques de paix et d'a-
mitié, des hommes, qui avaient sans doute intérêt à ce que la
lutte s'engageât, enlevèrent avec des lances à crochet quelques
sentinelles placées sur le grand escalier et les massacrèrent

sous les yeux de leurs compatriotes. Les Suisses alors firent feu sur les Marseillais innocens du crime qui venait de se commettre. Ceux-ci se crurent trahis, et le combat s'engagea avec une rage égale des deux côtés. Les gentilshommes mal armés, et avertis d'ailleurs que le Roi n'était plus aux Tuileries, se sauvèrent par la grande galerie du Louvre, et laissèrent seuls pour soutenir le choc les Suisses, auxquels Louis XVI envoya bientôt l'ordre de cesser le feu.

Barbaroux, qui fut un des chefs de l'insurrection, dit, après avoir parlé de la victoire : « La clémence devait la suivre, la « fureur l'accompagna. Pouvait-on arrêter la vengeance d'un « frère couvert du sang de son frère, et l'indignation du « peuple vengeant le peuple? Au milieu des massacres, il n'y « eut de vraiment coupables que les lâches, fugitifs pendant « l'action, assassins pendant la victoire, et ces tueurs de cada-« vres qu'ils piquaient avec leur épée pour se donner les hon-« neurs du combat. On massacrait dans les appartemens, sur « les toits, dans les caves, les Suisses armés ou désarmés, les « chevaliers, les valets, tous ceux qui peuplaient le château. « Notre dévouement n'y put rien ; nous parlions à des hommes « qui ne nous connaissaient plus..... »

Les inscriptions du monument élevé à Lucerne à la mémoire des Suisses morts au 10 août portent que 26 officiers et 760 soldats périrent dans cette journée.

Tandis que le peuple attaquait le château, l'Assemblée détruisait la Monarchie. Louis XVI, entré Roi dans la salle de ses séances, devait en sortir captif. Le premier acte des députés fut de prononcer la suspension du pouvoir exécutif et de s'organiser en *Convention Nationale*. On décréta que le roi serait avec sa famille renfermé sous la garde de la municipalité, dans le palais du Luxembourg. Mais la Commune refusa d'exécuter ce décret; elle exigea et obtint de l'Assemblée que Louis XVI serait mis en prison au Temple.—Madame Campan rapporte qu'avant d'y être transférée, la reine Marie-Antoinette, comme inspirée par une pensée prophétique, dit aux dames qui l'entouraient: « Nous sommes perdus ; nous succom-« berons dans cette horrible révolution; bien d'autres péri-« ront après nous. Tout le monde a contribué à notre perte : « les novateurs comme des fous, d'autres comme des ambi-« tieux, pour servir leur fortune. Les Jacobins voulaient de « l'or et des places, et la foule attend le pillage. Parmi eux il « n'y a pas un vrai patriote. Le parti des émigrés avait ses bri-« gues et ses projets; les étrangers voulaient profiter des dis-« sensions de la France : tout le monde aura sa part dans nos « malheurs. »

Assassinat de Lepeltier.

# 1792.

1er JANV.  Les frères du Roi, émigrés, sont décrétés d'accusation.
23-24 —  Premier pillage des épiciers de Paris.
7 FÉV.  Traité de Berlin entre l'Autriche et la Prusse pour comprimer les troubles de la France.
9 —  Séquestre des biens des émigrés.
1er MARS.  Mort de Léopold II. — Son fils François lui succède.
2 —  Création de la Garde constitutionnelle du Roi.
3 —  Assassinat du maire d'Étampes dans l'exercice de ses fonctions.
19 —  Amnistie accordée aux massacreurs d'Avignon.
28 —  Décret qui admet les hommes de couleur et les nègres libres à l'exercice des droits politiques.
29 —  Assassinat de Gustave III, Roi de Suède.
30 —  Affectation des biens des émigrés aux frais de la guerre.
6 AVRIL.  Suppression des congrégations religieuses. — Prohibition du costume ecclésiastique.
20 —  Déclaration de guerre à l'Autriche.
28 —  Premières hostilités et revers en Belgique. — Le général Théobald Dillon est massacré par ses soldats.
3 MAI.  Royou, auteur de *l'Ami du Roi*, Marat, auteur de *l'Ami du Peuple*, sont décrétés d'accusation.
29 —  Licenciement de la Garde soldée du Roi.
—  L'Assemblée Nationale se constitue en séance permanente.
8 JUIN.  Décret qui ordonne la formation d'un camp de 20,000 hommes près de Paris. — Le Roi s'y oppose.
12-13 —  Renvoi des ministres Servan, Roland et Clavières

# 1792.

# 15 OCTOBRE 1792.



# DE MARAT ET DE DUMOURIEZ.

Après la victoire de Valmy, et en se rendant à l'armée du Nord, le général Dumouriez crut devoir passer par la capitale, tant pour recueillir les témoignages de la reconnaissance populaire qu'il supposait lui être due, que pour examiner par lui-même l'état des affaires intérieures.—En effet, depuis l'ouverture de la campagne la Monarchie avait été renversée et la République proclamée.—A son arrivée à Paris, il se présenta à la Convention, y rendit compte avec orgueil de ce qu'il avait fait, et fut néanmoins froidement accueilli par l'assemblée.—On connaissait son caractère impérieux, on devinait ses ambitieux projets et on redoutait peut-être ses talens militaires, estimés alors beaucoup plus qu'ils ne valaient.

Le général fut un peu étonné de l'ingratitude républicaine. Le conseil exécutif, afin de le remettre de son désappointement, arrêta qu'une fête lui serait donnée. Par une singularité qui peint l'époque, cette fête militaire eut lieu chez une des actrices les plus jolies et les plus à la mode de Paris. Tous les artistes distingués des théâtres de la capitale furent chargés de lui en faire les honneurs. Une grande partie des membres de la Convention, la plupart des ministres y assistèrent.—La réunion était nombreuse et brillante.—Dumouriez savourait avec enivrement les applaudissemens et les éloges, lorsque, tout à coup, apparurent devant lui trois hommes qui n'avaient point été invités. Les danses cessèrent, la musique se tut, la joie s'évanouit; le silence de l'inquiétude remplaça l'élan du plaisir et de la gaîté. Un des trois inconnus, le visage animé, les yeux en fureur, s'adressa au général d'une voix haute et brusque,

l'interpella brutalement et lui demanda comment il avait eu
l'audace de commettre un acte de violence tyrannique contre
des citoyens estimables.

Dumouriez apprit alors que les trois personnages réunis devant lui étaient des députés de la société des Jacobins, chargés
de l'interroger sur un acte de juste sévérité qu'il avait exercé
à Sedan, en faisant traduire devant les tribunaux militaires
plusieurs soldats affiliés de cette société et coupables d'assassinat sur de malheureux émigrés massacrés au moment où ils
rentraient volontairement sous le drapeau national. Il apprit que ces trois commissaires étaient Montaut, Bentabole et
Marat.

« Le général (c'est Dumouriez qui le raconte dans ses *Mé-
moires*), toisant l'orateur avec mépris, lui répondit : « Ah !
« c'est vous qu'on appelle Marat ? je n'ai rien à vous dire. » Et
il lui tourna le dos. Alors, ne connaissant pas les autres commissaires, il s'adressa à eux et leur fit ou crut leur faire entendre raison. Ils se retirèrent et la fête continua. »

Dumouriez avait traité Marat comme il le méritait, et Marat avait jugé Dumouriez. L'atrabilaire Jacobin était éclairé
par l'instinct de la haine et de la jalousie ; tous les hommes
qui alors avouaient hautement ou nourrissaient en secret la
prétention de diriger le gouvernement de la République re-
doutaient l'influence des généraux illustrés par des succès ; ils
semblaient deviner qu'un jour un chef, appuyé par de glo-
rieuses victoires, devait se placer à la tête de la République
et rendre à la France, que les factions diverses, agissant au
nom de la liberté captive ou suspendue, auraient réduite au
dernier degré de découragement et de marasme, l'ordre, la
prospérité et la dignité sans lesquels il ne peut exister ni
société heureuse, ni nation indépendante et respectée.

Marat, ayant à parler, peu de temps après, du général en
chef de l'armée du Nord, victorieux à Jemmapes, écrivit
dans son journal ces paroles prophétiques : *Dumouriez déser-
tera comme Lafayette.*

# 21 JANVIER 1793.

# EXÉCUTION DE LOUIS XVI.

Le procès du Roi, depuis le 11 décembre, époque de la première comparution de Louis à la barre, jusqu'au 20 janvier, jour où le jugement fut prononcé, remplit seize séances de la Convention.

Le 15 janvier, le nombre des votans était de 719.

683 votes déclarèrent Louis Capet *coupable de conspiration contre la liberté et d'attentats contre la sûreté générale de l'État.*

La question de l'*appel au peuple* fut résolue négativement par 424 votes contre 290.

Le 18 janvier, après un appel nominal qui dura vingt-cinq heures, le résultat du scrutin, sur 721 votans, fut

2 votes pour les fers,

286 pour la détention ou le bannissement,

433 pour la mort.

Le 19 janvier, la question du *sursis* fut résolue négativement par 380 votes contre 310.

Le jugement fut exécuté le 21 janvier.

La garde nationale parisienne, en armes, forma la haie dans les rues où passa la voiture qui conduisit le *condamné* au supplice. Elle veillait à ce que l'ordre ne fût pas troublé.

Louis XVI mourut avec courage; il put entendre, en montant à l'échafaud, le prêtre qui l'assistait dire ces paroles souvent rappelées depuis: « Fils de saint Louis, montez au ciel! »[1]

(1) Voici la pièce la plus officielle où la mort de Louis XVI ait encore été racontée :

« Descendant de la voiture pour l'exécution, on lui dit qu'il fallait ôter son habit; il fit quelques difficultés en disant qu'on pouvait l'exécuter

Robespierre avait flétri d'avance l'acte de la Convention, lorsque, repoussant la forme juridique qu'on voulait donner à une vengeance politique, il s'écria : « Louis n'est pas un « homme que nous puissions juger, mais c'est un homme que « nous devons tuer. »

Plusieurs députés firent précéder leur vote de quelques ré-flexions; on remarqua celui du duc d'Orléans, père de Louis Philippe I<sup>er</sup>, aujourd'hui roi des Français : « Fidèle à mes « devoirs, dit-il d'une voix ferme et avec une contenance im-« passible, convaincu que tous ceux qui ont attenté ou attente-« ront par la suite à la souveraineté du peuple méritent la mort, « je prononce la mort de Louis. »

comme il était ; sur la représentation que la chose était impossible, il a lui-même aidé à ôter son habit. Il fit encore la même difficulté lorsqu'il s'agit de lui lier les mains, qu'il donna lui-même quand la personne qui l'accompagnait lui eut dit que c'était un dernier sacrifice. Alors il s'informa si les tambours battraient toujours. Il lui fut répondu qu'on n'en savait rien, et c'était la vérité. Il monta sur l'échafaud et voulut s'avancer sur le devant, comme pour parler : mais on lui représenta que la chose était impossible. Il se laissa alors conduire à l'endroit où on l'attacha et d'où il s'est écrié très haut : *Peuple, je meurs innocent !* Ensuite, se retour-nant vers nous, il nous dit : *Messieurs, je suis innocent de tout ce qu'on m'inculpe ; je souhaite que mon sang puisse cimenter le bonheur des Français !...* Voilà ses véritables et dernières paroles. L'espèce de petit débat qui eut lieu au pied de l'échafaud roulait sur ce qu'il ne croyait pas nécessaire qu'il ôtât son habit et qu'on lui liât les mains. Il fit aussi la proposition de se couper lui-même les cheveux.—Pour rendre hommage à la vérité, il a soutenu tout cela avec un grand sang-froid, une fermeté qui nous a tous étonnés. Je reste très convaincu qu'il avait puisé cette fermeté dans les principes de la religion dont personne ne paraissait plus pénétré et plus persuadé que lui. »

*Signé* SANSON, exécuteur des jugemens criminels

# TRIOMPHE DE MARAT.

Un décret de la Convention avait traduit Marat devant le tribunal criminel extraordinaire, comme prévenu d'avoir provoqué dans son journal intitulé *l'Ami du Peuple*, 1° le pillage et le meurtre, 2° l'établissement d'un pouvoir attentatoire à la souveraineté du peuple, 3° l'avilissement et la dissolution de la Convention.

Marat qui, précédemment, avait dit qu'il se donnerait la mort dans le cas où un décret d'accusation serait lancé contre lui, ne se brûla point la cervelle et se cacha prudemment pour éviter d'être arrêté.

Du fond de sa retraite, il continua néanmoins à publier son journal, et il annonça que, le 24 avril, il se présenterait devant le tribunal. En attendant, ses amis firent remettre à la Convention une adresse tendant à l'expulsion de vingt-deux députés, indignes, disaient-ils, de continuer à faire partie de l'assemblée.

Ces députés, qu'on voulait ainsi offrir en sacrifice à Marat, étaient : Brissot, Guadet, Vergniaud, Gensonné, Grangeneuve, Buzot, Barbaroux, Salles, Biroteau, Doulcet-Pontécoulant, Lanthenas, Valazé, Chambon, Gorsas, Fauchet, Pétion, Lasource, Lanjuinais, Hardi, Lehardi, Valadi et Louvet.

La Convention repoussa cette demande avec mépris. Plus tard, l'expulsion ne suffit plus pour calmer la haine des Jacobins ; ils prirent la tête des Girondins.

Cependant le 24 avril, escorté d'une foule menaçante, Marat se présenta devant le tribunal: « Citoyens, dit-il aux « juges, ce n'est point un coupable qui paraît devant vous, « c'est l'ami du peuple, l'apôtre et le martyr de la liberté ;

« des factieux et des intrigans ont seuls pu porter contre moi
« un décret d'accusation. »

Les juges l'acquittèrent. Il dit alors à ceux qui l'accompa-
gnaient : « Citoyens, le sort des conspirateurs est dans vos
« mains ; sauvez la patrie, protégez l'innocence, punissez le
« coupable. »

Ces hommes comprirent ce qu'il voulait. Quelques-uns
d'entre eux le placèrent sur leurs épaules (une couronne avait
été posée sur sa tête), et, traversant Paris en triomphe, précé-
dés de deux officiers municipaux parés d'écharpes tricolores,
ils se dirigèrent vers la Convention aux cris de *Vive Marat!
à la guillotine les Girondins!*

La séance venait d'être levée; il ne restait heureusement
dans la salle qu'un petit nombre de députés. Marat fut porté
à la tribune d'où il appela la vengeance du peuple sur ses
ennemis.

Peu de temps après les Girondins marchèrent à l'échafaud.

Marat tomba lui-même sous le poignard de Charlotte Corday. Son cadavre eut les honneurs du Panthéon; mais au bout
d'un an, il en fut tiré pour être jeté dans un égout.

Le conventionnel Dulaure, en parlant de ce triomphe de
Marat, dit que la Prusse répandait l'or dans Paris pour dés-
organiser la République par toutes sortes d'excès. Il ajoute:
*Marat était né Suisse et sujet du roi de Prusse.*

Le commandant Raffet et Marat.

# 1792.

<table>
<tr><td>2 1</td><td>Sept.</td><td>Ouverture de la Convention Nationale.</td></tr>
<tr><td></td><td>—</td><td>Abolition de la Royauté. — Proclamation de la République.</td></tr>
<tr><td>2 2</td><td>—</td><td>Commencement de l'Ere Républicaine.</td></tr>
<tr><td></td><td>—</td><td>Décret ordonnant le renouvellement de tous les corps admi-<br>nistratifs, municipaux et judiciaires, *comme suspects<br>d'être gangrenés de royalisme.*</td></tr>
<tr><td>2 3</td><td>—</td><td>Entrée des Français à Chambéry. — Conquête de la Savoie.</td></tr>
<tr><td>2 8</td><td>—</td><td>Prise de Nice.</td></tr>
<tr><td>2 9</td><td>—</td><td>Louis XVI est séparé de sa famille et transféré dans la<br>grande tour du Temple.</td></tr>
<tr><td>8</td><td>Oct.</td><td>Levée du siége de Lille, héroïquement défendue par ses<br>habitans.</td></tr>
<tr><td>9</td><td>—</td><td>Loi ordonnant la *mort immédiate* de tout émigré pris les<br>armes à la main.</td></tr>
<tr><td>1 0</td><td>—</td><td>Les titres de *citoyen* et *citoyenne* remplacent la dénomina-<br>tion de *monsieur* et *madame.*</td></tr>
<tr><td>1 5</td><td>—</td><td>Suppression de l'ordre de Saint-Louis.</td></tr>
<tr><td>2 2</td><td>—</td><td>Entière évacuation du territoire français par les Coalisés.</td></tr>
<tr><td>2 3</td><td>—</td><td>Loi bannissant en masse et à perpétuité tous les émigrés, et<br>prononçant la peine de mort, sans distinction d'âge ni de<br>sexe, contre ceux qui rentreraient en France.</td></tr>
<tr><td>6</td><td>Nov.</td><td>VICTOIRE DE JEMMAPES.</td></tr>
<tr><td>7</td><td>—</td><td>Décret prononçant la mise en jugement de Louis XVI.</td></tr>
<tr><td>1 9</td><td>—</td><td>La Convention, par un décret, promet aide et secours à tous<br>les peuples qui voudraient renverser leur gouvernement.</td></tr>
<tr><td>2 0</td><td>—</td><td>Découverte de l'armoire de fer.</td></tr>
</table>

# 31 MAI 1793.

## CHUTE DES GIRONDINS.

Un des plus grands orateurs de la Convention, Vergniaud, avait dit à la tribune : « La révolution française sera comme Saturne, elle dévorera tous ses enfans. » Le temps vint où cette prédiction devait commencer à s'accomplir.

Le grand événement, connu dans l'histoire sous le nom de journée du 31 mai, forme une véritable tragédie en cinq actes qui remplissent chacun un de ces jours si longs dont les violences révolutionnaires marquent toutes les heures. L'action commencée le 27 mai, continua le 28, cessa le 29 et le 30, pour redevenir plus ardente le 31 mai et le 1er juin, et se terminer le 2 par une véritable catastrophe.

Depuis long-temps la Montagne avait résolu d'écraser la Gironde, obstacle à l'ambition de ses chefs et à l'accomplissement de ses projets. La Convention, instruite de toutes ses menées, avait nommé une commission de douze membres pour déjouer les complots des conspirateurs. Hébert, dont le titre historique est l'ignoble surnom de *Père Duchesne*, fut arrêté. Cette arrestation, loin de décourager la faction de Robespierre et de Marat, accrut sa rage. Un mouvement révolutionnaire eut lieu, la commune de Paris fut dissoute et renouvelée, et, suivant la tactique habituelle des hommes de trouble, un nouveau chef, le sanguinaire Henriot, fut donné à la garde nationale.

La suppression de la commission des douze et la délivrance d'Hébert furent le prétexte des mouvemens de la première journée (27 mai). La Convention, entourée d'une horde de factieux, ne dut peut-être son salut qu'au courage du brave commandant Raffet qui, malgré les menaces de Marat et le pistolet dirigé sur sa poitrine, persista avec calme à vouloir protéger la représentation nationale dont la défense lui avait été confiée. Les députés eurent malheureusement moins de résolution que le guerrier. Ils laissèrent une majorité factice composée des membres de la Montagne et d'hommes qui avaient fait irruption violente dans la salle de leurs séances, prononcer la suppression de la commission et l'élargissement d'Hébert.

Le lendemain il y eut réaction. Le courageux Lanjuinais proposa à la Convention, malgré les hurlemens des tribunes, de ne pas reconnaître un décret qu'elle n'avait pas voté. Un des montagnards, Legendre, s'avança vers lui en fureur et le menaça de le jeter en bas de la tribune. — Ce Legendre était un ancien boucher, homme violent et brutal, qui un jour frappa du poing un orateur d'une opinion opposée à la sienne. Celui-ci dit à l'assemblée : « Puisque Legendre veut m'assommer, je demande qu'auparavant il fasse décréter que je suis un bœuf. » — Dans cette journée du 28, des députations des sections de Paris vinrent protester, à la barre, de leur indignation contre les excès commis la veille.

Les journées du 29 et du 30 se passèrent dans une sorte de calme ; c'était comme l'entr'acte pendant lequel on prépare les machines.

Le 31, l'insurrection se montra ouvertement ; les menaces et les demandes anarchiques se succédèrent, et des accusations formelles furent portées, au nom des conspirateurs, contre les membres de l'assemblée.

Le 1er juin, fut présentée la liste de proscription qui désignait vingt-cinq têtes ; la députation qui l'apporta osa demander qu'à ces vingt-cinq proscrits on adjoignît les membres de la commission des douze : c'était élever à trente-sept le nombre des victimes.

Enfin, le 2 juin, la Convention, entourée de bandes d'assassins armés, assaillie de tous les côtés, se vit forcée de céder ; mais avant de se résigner à ce sacrifice, elle essaya de se soustraire à l'oppression qui pesait sur elle ; l'Assemblée tout entière quitta le lieu de ses séances, et se présenta inutilement à toutes les portes des cours et du jardin des Tuileries : partout elle trouva des hommes armés qui s'opposèrent à sa sortie. Lorsqu'elle arriva dans la cour du Carrousel, Henriot, au lieu d'obéir aux sommations du président, commanda à ses canonniers de braquer leurs pièces et se prépara à mitrailler la Convention. Ensuite Marat, suivi d'hommes couverts de haillons, força les députés à rentrer dans leur salle. Alors Couthon, commençant son discours par ces paroles, empreintes d'une lâche ironie : « L'assemblée, par la démarche qu'elle vient de faire, s'est convaincue qu'elle est parfaitement libre », demanda l'arrestation immédiate des représentans du peuple que la commune réservait pour l'échafaud. La Convention eut peur ; cette assemblée terrible qui faisait trembler les rois de l'Europe et la France elle-même, trembla devant les factieux et leur abandonna trente de ses plus honorables membres.

Ce n'était qu'un commencement. Après avoir proscrit la Gironde, la Montagne en arriva plus tard à se décimer elle-même.

# DÉFAITE DES VENDÉENS

## DEVANT NANTES.

La prise de Nantes pouvait livrer aux insurgés Vendéens les départemens de l'Ouest de la République ; elle leur aurait fourni, et une grande ville propre à devenir le centre d'une vaste résistance contre les troupes de l'intérieur et un port qui eut offert un débarquement facile aux secours venus de l'étranger ; c'était donc à la fois un projet d'une sage politique et une bonne combinaison militaire que de s'en emparer. — Dès que Cathelineau fut nommé généralissime des troupes vendéennes, l'attaque de Nantes fut résolue et combinée entre tous les chefs.

Cette ville n'avait alors pour défense qu'une faible garnison, et qu'une garde nationale mal armée et divisée d'opinions ; néanmoins les républicains y étaient en majorité.

A l'approche de l'armée vendéenne, les autorités civiles et militaires, inquiètes du résultat de la résistance et incertaines de son efficacité, mirent en délibération si l'on se défendrait. Baco, maire de la ville, et les généraux Canclaux et Beysser communiquèrent leur fermeté aux membres du conseil : l'affirmative fut résolue.

Attaqués à la fois par plusieurs côtés, les Nantais firent face sur tous les points ; l'énergie de la défense égala l'impétuosité de l'attaque. Guidés par leurs chefs les plus intrépides (l'ardent Cathelineau, l'héroïque Bonchamp, le brave Talmont, le courageux d'Elbée), les Vendéens pénétrèrent jusque dans la ville. Ils arrivèrent sur la place de Viarmes où, malgré leurs efforts, la résistance des Nantais les arrêta pendant quelque temps ; néanmoins l'audace et les forces des assiégeans allaient toujours croissant, et les Vendéens auraient peut-être obtenu un succès complet si, au moment où il donnait l'exemple du courage et de l'opiniâtreté, Cathelineau n'eût été frappé d'un coup mortel. — La blessure du général fut suivie du découragement de l'armée. — Les chefs, obligés de renoncer à une attaque que leurs soldats ne voulaient plus continuer, durent employer tous leurs soins à assurer la retraite qui ne se fit pas sans difficulté ; car les assiégés reprenant l'offensive, firent une sortie et poursuivirent vigoureusement les assaillans en déroute.

Dans ce siége mémorable, où le patriotisme et la résolution suppléèrent au nombre, les Nantais eurent à regretter plus de deux mille de leurs compatriotes. Le succès fut dû à la généreuse opiniâtreté du maire, au sang-froid et au courage des deux généraux qui combattirent aux postes les plus exposés, à la tête des défenseurs de la ville. Parmi les traits d'héroïsme qui signalèrent la garde nationale nantaise, on cite celui du vicaire constitutionnel d'une des paroisses, Gombaud, sous-officier de grenadiers, qui, apercevant au fort du danger un autre garde national, s'avança vers lui en lui disant : « Retire-toi d'ici, tu es père de famille, c'est à moi d'occuper ce poste », prit sa place et presqu'au même instant tomba frappé d'une balle ennemie.

La perte des Vendéens dans l'attaque de Nantes et dans la retraite qui en fut la suite, s'éleva à environ neuf mille hommes.

# 13 JUILLET 1793.

## ASSASSINAT DE MARAT.

Y a-t-il des cas où la justice du but puisse excuser l'injustice du moyen ? Nous ne le pensons pas. L'acte de Charlotte Corday, que la plupart des contemporains qualifièrent d'action héroïque, fut un crime, car ce fut un assassinat.

Une jeune fille arrive de sa province, elle a dans son cœur une résolution arrêtée; elle cherche à pénétrer chez Marat, elle y parvient. Marat était malade, seul dans un bain, éloigné de tout soupçon, incapable d'aucune défense. La jeune fille dont le courage chancelle peut-être intérieurement au moment d'agir, nomme, pour se rassurer, plusieurs de ces Girondins proscrits dont la proscription violente a excité son indignation patriotique; alors Marat reprend sa férocité, il menace ces hommes détestés, il parle de guillotine. Charlotte Corday retrouve son courage, elle tire un poignard et frappe le monstre altéré de sang.

On accourt, elle est arrêtée; on l'accable d'imprécations. Le nom d'assassin retentit à ses oreilles. Au milieu du tumulte, étonnée, mais non effrayée, elle se couvre le visage avec ses mains, doute un instant de la justice de ce qu'elle a fait; puis rassurée bientôt par sa conscience fanatisée, elle recouvre sa tranquillité première, relève la tête et promène ses regards calmes sur la multitude irritée qui l'entoure.....

On la traduisit devant le tribunal révolutionnaire; elle y parut ferme et modeste tout à la fois, ferme comme une martyre, modeste comme une vierge; elle ne se sentait pas criminelle.

Le célèbre Chauveau-Lagarde fut chargé de sa défense.

« L'accusée, dit-il, avoue de sang-froid l'horrible attentat qu'elle a commis; elle en avoue avec sang-froid la longue pré-

méditation ; elle en avoue les circonstances les plus affreuses,
en un mot elle avoue tout et ne cherche pas même à se jus-
tifier. Voilà , citoyens jurés , sa défense tout entière. Ce calme
imperturbable et cette entière abnégation de soi-même n'an-
noncent aucun remords , et pour ainsi dire en présence de la
mort même, ce calme et cette abnégation sublimes, sous un
rapport, ne sont pas dans la nature ; ils ne peuvent s'expli-
quer que par l'exaltation du fanatisme politique qui lui a mis
le poignard à la main. C'est à vous, citoyens jurés , à juger de
quel poids doit être cette considératiou morale dans la balance
de la justice ; je m'en rapporte à votre prudence. »

Le verdict des jurés fut proclamé, l'arrêt fut rendu. Charlotte entendit sans émotion la condamnation à mort pronon-
cée contre elle ; ensuite elle se tourna vers son défenseur :
« Vous m'avez défendue, lui dit-elle, d'une manière délicate
et généreuse, c'était la seule qui pût me convenir ; je vous en
remercie. Je viens de concevoir pour vous une estime dont
je veux vous donner une preuve. Ces messieurs ( en montrant
les juges) m'apprennent que mes biens sont confisqués, je dois
quelque chose à la prison , je vous charge d'acquitter mes
dettes. »

Charlotte Corday fut conduite à l'échafaud ; elle y monta
avec courage. Le bourreau prit sa tête coupée , la souffleta et
la montra au peuple. On entendit dans la foule un cri d'horreur, car à ce lâche outrage le visage si calme de la jeune
fille venait de s'agiter avec une sombre indignation [1].

Quant à Marat, la Convention le conduisit en pompe au
Panthéon, puis, un an après, vint le Peuple qui, dans un jour
de colère, prit ce cadavre et le jeta dans un égout.

(1) Ce fait , constaté et admis comme vrai, est souvent cité par les
physiologistes pour prouver que les suppliciés *vivent* encore quelque
temps après leur exécution.